PAIDEIA
ÉDUCATION

PHILIPPE CLAUDEL

Les Âmes grises

Analyse littéraire

© Paideia éducation.

22 rue Gabrielle Josserand - 93500 Pantin.

ISBN 978-2-75930-333-5

Dépôt légal : Septembre 2023

Impression Books on Demand GmbH

In de Tarpen 42

22848 Norderstedt, Allemagne

SOMMAIRE

- Biographie de Philippe Claudel.................................. 9

- Présentation des *Âmes grises*............................. 13

- Résumé du roman....................................... 17

- Les raisons du succès................................... 31

- Les thèmes principaux.................................. 37

- Étude du mouvement littéraire..................... 45

- Dans la même collection............................. 51

BIOGRAPHIE DE PHILIPPE CLAUDEL

Auteur à succès et réalisateur récompensé du César du meilleur premier film, Philippe Claudel est devenu ces dernières années une figure incontournable de la littérature française. Il intègre d'ailleurs l'Académie Goncourt en 2012, au couvert de Jorge Semprún.

D'abord surveillant dans un établissement scolaire, il passera ensuite le concours de PEGC (Professeur d'Enseignement Général de Collège), puis celui du CAPES de Lettres modernes, avant d'obtenir l'agrégation de Lettres modernes (prestigieux concours d'enseignement). Durant ces années, il enseigne notamment aux enfants malades ou handicapés, ainsi qu'à la maison d'arrêt de Nancy. Son premier roman, *Meuse l'oubli*, verra le jour en 1999 et sera déjà remarqué puisque sélectionné par le Festival du premier roman de Chambéry.

Le parcours littéraire de Philippe Claudel le mène ensuite naturellement à la rédaction d'une thèse consacrée à l'écrivain André Hardellet pour laquelle il obtient unanimement les félicitations du jury en 2001. Cette même année, il est nommé maître de conférences à l'Université de Nancy II en littérature et anthropologie culturelle.

La reconnaissance auctoriale viendra en 2003 avec la récompense de son roman *Les Âmes grises*, pour lequel il obtient le prix Renaudot et une adaptation cinématographique en 2005. Puis, avec *Le Rapport de Brodeck* en 2007, qui obtient cette même année le Goncourt des lycéens et est adapté en bande-dessinée en 2015 par Manu Larcenet, figure incontournable de la BD française, ce qui achève de populariser le roman.

Philippe Claudel mène aussi, en parallèle de l'écriture, une activité de scénariste et de réalisateur pour le cinéma français : son premier film notamment, *Il y a longtemps que je t'aime*, qui retrace l'histoire de deux sœurs incarnées par

Kristin Scott Thomas et Elsa Zylberstein, a été très remarqué lors de sa sortie en 2008 et salué par la critique.

Aujourd'hui encore il partage son temps entre le théâtre, le cinéma, l'écriture de nouvelles et de romans et les cours qu'il donne à l'IECA (Institut Européen de Cinéma et d'Audiovisuel) en écriture scénaristique. Il réside toujours à Dombasle-sur-Meurthe, ville qui lui est chère et où il est né.

PRÉSENTATION DES ÂMES GRISES

Les Âmes grises est le récit à la première personne d'événements survenus dans un village français avant, pendant et après la Première Guerre mondiale. Impossible à situer, les lieux se dérobent et résistent aux recherches car, tel qu'on le ferait pour un village de conte, la géographie est absolument réinventée. Ainsi nous trouvons-nous à quelques heures de marche de la ville de V., dans un hameau près duquel coule la Guerlante (rivière fictive dont l'homophonie suggère une « guerre lente ») et qui sera bientôt le théâtre d'un meurtre sordide.

Ici tout est scénique, les décors sont posés, chacun a son rôle à jouer. L'histoire s'ouvre sur le corps de *Belle de jour*, la bien nommée fillette de dix ans retrouvée morte au cœur de l'hiver et dont le cadavre gît dans la rivière, à deux pas du château du village.

Ce fait divers agite, remue les habitants coulés dans la langueur de l'attente, celle de l'arrière qui n'entend de la guerre que ses échos. C'est autour de ce meurtre que viendront s'articuler d'autres histoires, d'autres destins retraçant le quotidien du village. L'enquête prendra son temps, il n'importe pas tant au narrateur de conter son dénouement que de faire défiler les ombres et soulager sa conscience par l'écriture du récit de ces âmes grises.

Consacré par le prix Renaudot qu'il obtient en 2003, *Les Âmes grises* est un roman historique qui dresse une fresque de la France rurale des années 1910-1930 et qui, sous ses allures de roman noir, sait donner vie à ses personnages et leur conférer cet aspect unique qui insuffle à sa lecture toute son authenticité.

RÉSUMÉ DU ROMAN

I

Le premier chapitre constitue l'*incipit* du récit et présente la démarche qui sera celle du narrateur. On entre donc d'emblée dans un récit à la première personne dont le conteur ne nous est pas présenté. Il dresse le portrait du procureur Pierre-Ange Destinat, homme d'âge mûr qui plaide chaque jour au tribunal de V. Admiré et craint de tous, il déjeune après chaque procès au *Rébillon* où il est servi par *Belle de jour*, la toute jeune fille du tenancier Bourrache.

II

Après un premier chapitre hors du temps et présentant le décor et l'un des protagonistes, le deuxième chapitre s'ouvre sur un meurtre survenu en 1917 : *Belle de jour* a été étranglée et son corps retrouvé dans le canal à demi-gelé. C'est le juge Mierck qui est chargé de l'affaire. Arrivé sur place, il fait preuve d'un comportement frisant l'obscénité : il commande des œufs mollets pour le déjeuner, les dévore à côté du cadavre et se délecte du récit du fils Bréchut (celui qui a trouvé le corps). Il ne semble s'apercevoir qu'à la toute fin du chapitre que le corps a été retrouvé à la porte du château de Destinat, son respecté ennemi.

III et IV

Les troisième et quatrième chapitres effectuent un bond en arrière pour dresser un portrait de famille de Destinat : son père qui fit fortune dans l'immobilier et fit construire leur imposante demeure, sa mère qui mourut l'ayant à peine connu, et enfin la femme de Destinat, qui elle aussi trépassa six mois après leur mariage. Le narrateur décrit un homme qui cultive sa solitude, s'entourant de peu de gens (Barbe, la femme de chambre et son mari, *le Grave*) et s'enfermant dans le silence. Il est rapidement question de son érudition, bien supérieure à celle des jurés, et de ses talents pour faire condamner à coup sûr le prévenu ; ainsi que de sa dissemblance frappante, de corps et d'esprit, avec le juge Mierck.

Cette rétrospective est aussi un moyen de donner à voir la situation économique du village, dont l'activité se cristallise notamment autour de « l'Usine » installée depuis la fin du XIXe siècle et qui siège à proximité du château. Suite à l'accord de Destinat, l'Usine installe régulièrement ses ingénieurs dans la petite dépendance située dans le parc du château. Ces résidents sont appelés dans le village les « locataire[s] ».

V

Nous continuons à remonter chronologiquement le temps jusqu'en 1914, qui voit le départ de l'instituteur (Fracasse) pour la guerre et l'arrivée de son remplaçant (appelé *Le Contre* par les villageois), un original que le contexte rend à moitié fou et qui est bien vite retiré de ses fonctions par les habitants. Arrive alors, par la malle de V., une toute jeune femme qui brigue la place d'institutrice, Lysia Verhareine. Elle est accueillie par le maire, sur son trente et un pour l'occasion, qui lui fait visiter le village et la salle de classe. Délicate et raffinée, elle marque d'emblée les esprits.

VI

Le maire souhaite montrer à Lysia Verhareine son logement situé juste au-dessus de l'école et qu'ont occupé ses prédécesseurs. Il se retrouve alors face à l'expression de toute la folie du *Contre* : l'appartement est saccagé et ce dernier en a fait une bauge à son image, inhabitable. Il revient donc au maire de trouver une solution pour loger la jeune institutrice : on lui suggère alors de demander à Destinat de disposer de la dépendance du parc à cet effet.

VII

La rencontre entre Lysia Verhareine et Destinat se fait attendre plusieurs pages pour mieux marquer l'esprit du lecteur. Le procureur semble tomber immédiatement amoureux de la jeune femme et garde longuement sa main serrée dans la sienne. Lysia ne se dérobe pas et Destinat accepte la proposition du maire. L'institutrice s'installe donc dans ses fonctions et redonne un peu de fraîcheur au village : elle est aimée de ses élèves, du simple du village (Martial Maire) qui lui apporte des bouquets de fleurs, des hommes et des femmes qu'elle gratifie tous de son sourire. Elle emporte avec elle dans chacune de ses sorties un carnet de maroquin rouge.

VIII

On effectue un saut dans le temps pour se retrouver après 1923 (on apprend d'ailleurs que Destinat meurt en 1921) : époque à laquelle le narrateur interroge Barbe sur son ancien employeur. Elle lui retrace l'amour de Destinat pour l'institutrice, ses sorties dans le parc pour la croiser, ses séances écourtées au tribunal pour être plus vite rentré chez lui ; mais surtout ce dîner en tête à tête avec Lysia Verhareine qu'il fit donner au château et durant lequel ils ne parlèrent guère mais ne firent que se regarder. Barbe confie au narrateur, à la fin de son récit, la clé du château inhabité depuis plusieurs années.

IX

Retour en 1915 où le narrateur nous conte une altercation muette qu'il eut avec Lysia Verhareine un dimanche de printemps. Alors qu'il marche sur les coteaux en s'aidant d'une vieille carabine comme d'un bâton, sa promenade le mène plus en avant que d'habitude, à un endroit d'où il est possible d'apercevoir le lointain champ de bataille, rappel cuisant de la guerre qui se joue aux portes du village. C'est là qu'il surprend la jeune femme en pleine contemplation du paysage, écrivant dans son petit carnet rouge. Celle-ci, quand elle comprend sa présence, lui bat froid, ne répond pas à son salut et retourne à sa rêverie après l'avoir mortifié, lui et sa carabine, d'un regard haineux.

X

4 août 1915, le village a fêté la veille l'anniversaire de la guerre au bistrot *Au bon pied*. On vient chercher le narrateur chez lui le soir pour l'inciter à venir prestement au château. Il y découvre un Destinat pétri de tristesse qui le conduit à la chambre de Lysia Verhareine où repose le cadavre de la jeune femme. Elle s'est pendue dans cette même pièce au moyen de sa ceinture, avant que le Procureur ne la décroche. Le docteur du village, le bon Hippolyte Lucy, arrive à son tour pour constater la mort, avant que Barbe ne fasse sortir tout un chacun de la chambre.

XI

Les fonctions du narrateur commencent à se dessiner : il est vraisemblablement policier. Mais l'enquête sur le suicide de la jeune institutrice piétine : l'ancienne logeuse ne sait rien, pas plus que le facteur ou l'inspection publique. Ni le narrateur, ni le maire n'osent aller interroger le Procureur qui était pourtant celui qui réceptionnait chaque jour le courrier de tout le château. Ce dernier est d'ailleurs en train de changer : ses réquisitoires sont moins pertinents et il ne tarde guère à prendre sa retraite et à s'enfoncer plus encore dans le silence et la solitude.

XII

Retour en 1917 et au meurtre de *Belle de jour*. Le narrateur confie son peu de concentration en matière d'investigation, occupé qu'il est à son propre bonheur : sa femme Clémence attend leur enfant. Il fait un rapide tour d'horizon des futurs acteurs du déroulé de l'enquête : le maire, le juge Mierck, les gendarmes et surtout un colonel détaché tout exprès pour sa résolution. Il s'agit d'Isidore Matziev, que Mierck prend immédiatement en affection. Le colonel écoute chaque jour et à toute heure la chanson *Caroline* sur un phonographe, chansonnette légère qui semble se moquer du contexte et choque les villageois.

XIII

Le narrateur effectue un nouveau saut dans le temps, en 1926, pour nous conter une découverte qu'il fit tardivement sur Matziev. Alors qu'il se rend dans la maison de son père qui vient de mourir, il tombe sur un journal de 1894 relatant le soutien que le colonel avait à l'époque apporté au capitaine Dreyfus. Retour au présent de l'écriture, le narrateur relate qu'il est sorti au matin dans la campagne recouverte de neige et qu'il y a croisé Joséphine, sa conscrite, qui vit du commerce des peaux animales qu'elle vend au tanneur. Elle ramène le héros transi de froid chez lui, puis elle évoque avec lui le temps de *l'Affaire*.

XIV

Joséphine sert à la résurgence de ce détail : elle avait témoigné à l'époque avoir vu le Procureur parler à *Belle de jour* le soir du meurtre, à l'endroit-même où celle-ci fut retrouvée morte quelques heures plus tard. Le narrateur avait alors laissé Clémence seule chez eux et emmené Joséphine à V., pour qu'elle fasse part de son témoignage au juge Mierck et à Matziev.

XV

Ils parviennent tant bien que mal à V. malgré la route encombrée par la neige et la boue. Une fois dans le bureau du juge, accompagné de Matziev, les deux hommes disent ne pas croire au récit de Joséphine en raison de sa profession et de son penchant pour l'alcool. Ils la garderont en cellule trois jours et demandent au policier de quitter les lieux et de n'importuner le Procureur sous aucun prétexte. Le narrateur se rend ensuite chez Bourrache pour lui apporter son soutien et y passe quatre longues heures pendant lesquelles ils ne se disent rien.

XVI

Ce même jour, le narrateur est empêché de rentrer chez lui car la route est réquisitionnée pour l'envoi de nouveaux convois au front. Il se retrouve donc à partager une chambre à l'évêché avec le Père Lurant (le curé de son village) avec lequel ils échangent longuement sur les fleurs. De retour chez lui le lendemain après une longue marche, il y trouve Clémence, à demi-morte, qui gît sur le lit recouverte de sang et respire à peine.

XVII

La jeune femme, en état de coma, est emmenée à la clinique. En attente de nouvelles dans une salle de l'hôpital, le narrateur fait la connaissance de Léon Castrie, un soldat amputé du bras gauche et qui s'en réjouit, appelant son moignon « Gugusse », et se félicitant d'être bientôt chez lui. On annonce plus tard au narrateur que son enfant est vivant mais que sa femme reste dans un état critique.

XVIII

Quelques jours plus tard s'opère l'arrestation de deux déserteurs amenés à comparaître devant le juge Mierck et Matziev. Le juge les force à reconnaître qu'ils sont les auteurs du meurtre de *Belle de jour* ; le premier admet sans sourciller puis est retrouvé pendu quelques heures plus tard dans le placard où il était gardé. Matziev force le second, « le petit Breton », à avouer ce crime en l'attachant au marronnier de la cour de la mairie plusieurs heures, dans le froid mordant. Ce récit est rapporté au narrateur par Louisette (la bonne à tout faire du maire) et Despiaux (un des deux gendarmes qui gardaient les prisonniers).

XIX

Retour peu avant ces événements : le narrateur est mené au chevet de Clémence auprès de laquelle il reste toute la nuit pour la trouver morte au matin. Il ne se rend pas à l'enterrement de *Belle de jour* à V., occupé qu'il est de sa douleur. Après l'enterrement de sa femme, il hésite plusieurs fois à s'ôter la vie au moyen de sa carabine mais y renonce toujours.

XX

Six semaines après ces incidents, le narrateur se rend auprès du petit Breton à la prison de V. Il le retrouve à demi-fou dans sa cellule et n'obtient de lui que de nouveaux aveux, bien qu'il en doute beaucoup. L'accusé est reconnu coupable et fusillé quelques jours plus tard. Le narrateur pense que Mierck n'a pas voulu enquêter sur Destinat car les deux hommes appartiennent au même monde, celui de la haute. Il est convoqué chez le juge qui le somme de cesser d'enquêter.

XXI

13 juin 1918, le policier continue à se rendre régulièrement sur le lieu du crime de *Belle*, ce jour-là il y rencontre Destinat. Ce dernier s'étonne de ne jamais avoir été interrogé dans le cadre de *l'Affaire*, puis il disparaît de la vue du narrateur. Ce dernier retrace ensuite les habitudes de Destinat avant sa mort, notamment à travers le récit de Bourrache qui raconte que le Procureur se rendait régulièrement au *Rébillon* pour évoquer avec lui le souvenir de *Belle*, bien que cela meurtrisse le père de la fillette. Lors de l'une de ces visites, Destinat demande à Bourrache s'il peut garder une photographie de la petite.

XXII

Le narrateur est renversé par une voiture en 1921 et reste plus d'une semaine dans le coma. À son réveil, le père Lurant lui apprend le décès de Destinat, retrouvé mort sur le banc du parc de son château, assis bien droit et figé dans cette position. Lorsque le narrateur sort de la clinique il se rend sur la tombe de Clémence, puis sur celle de Destinat et fait part de ses doutes quant à la culpabilité ou l'innocence du Procureur dans *l'Affaire*.

XXIII

Après la mort de Barbe quelques années plus tard, le narrateur se rend au château dont la vieille servante lui avait confié la clé. Il pénètre pour la première fois dans cette demeure, musée de l'aristocratie déchue ; il y contemple longuement le tableau de Clélis Destinat, la femme du Procureur morte à peine six mois après leurs noces. Il trouve enfin la chambre de Destinat dans laquelle il est intrigué par les tiroirs du secrétaire, et plus précisément par celui fermé à clé : il le force et y découvre le carnet de maroquin rouge de Lysia Verhareine.

XXIV

Le chapitre XXIV est constitué uniquement d'extraits du carnet rouge de la jeune institutrice : elle y recopiait avec soin chaque lettre adressée à son amoureux. On comprend qu'il combattait sur le champ de bataille visible depuis les coteaux du village, et qu'elle était venue ici briguer la place d'institutrice pour être au plus près de lui. Le changement de point de vue nous fait découvrir une Lysia gentiment moqueuse, très lucide sur ceux qui entouraient son quotidien pendant ces mois et plus précisément sur Destinat : le vieil homme l'attendrit, elle le nomme *Tristesse*.

XXV

Le narrateur s'attarde plus longuement sur le récit du dîner avec *Tristesse* et sur celui de sa rencontre douloureuse avec Lysia sur le faîte des coteaux. Il observe aussi au fil de sa lecture le changement opéré chez la jeune femme, l'aigreur de l'attente qui s'installe en elle, attente des lettres, attente d'une permission pour son homme et le gouffre qui s'ouvre peu à peu sous ses pieds. La dernière lettre date du 3 août 1915, jour de la mort de Lysia.

XXVI

Le narrateur trouve ensuite, entre les pages suivantes du carnet, une lettre adressée à la jeune femme lui annonçant la mort du caporal Bastien Francoeur, l'homme qu'elle aime. Il découvre ensuite un montage photographique réalisé par Destinat mettant en vis-à-vis trois photographies : Clélis, Lysia et *Belle de jour*. Le narrateur est frappé par la ressemblance des trois visages aux noms de fleurs qu'il dit incarner « la même âme » ; il y voit le mobile du crime, s'il l'a commis, de Destinat : tuer un souvenir. Puis une lettre de 1919 lui parvient avec plusieurs années de retard : elle est envoyée par un policier breton qui se dit à la recherche d'un certain Yann Le Floc, meurtrier présumé d'une toute jeune fille. C'est le nom du petit Breton torturé par Matziev puis fusillé en 1918.

XXVII

Le dernier chapitre revient au présent de l'écriture et se veut conclusif. Le narrateur s'attarde sur cette notion « d'âmes grises », ni blanches, ni noires, ambivalentes, âme grise qu'il porte en lui-même et qui est celle de tous ceux qu'il a fait renaître par son récit. Il avoue enfin à Clémence qu'il n'a pu s'occuper de leur fils, ce dernier lui rappelant trop la mort de sa mère, et qu'il l'a étouffé sous un oreiller avant de l'enterrer à ses côtés. Il conclut sur son suicide à venir après ces pages et la paix retrouvée de son âme avant d'entrer dans la mort.

LES RAISONS
DU SUCCÈS

Un livre cinématographique

Le roman de Philippe Claudel *Les Âmes grises* paraît en 2003 et est rapidement adapté au cinéma, deux années plus tard. Outre le succès évident du livre et la publicité que ne manquent pas de faire l'obtention d'un prix comme le Renaudot, ou encore les sélections à de nombreuses récompenses, il faut reconnaître aux *Âmes grises* leur aspect cinématographique.

En effet, le roman pourtant découpé de façon complexe et parfaitement antichronologique, suggère des images qui frappent l'esprit et s'incarnent dans cette succession de tableaux qui viennent s'imposer sur la rétine du lecteur. En témoigne la vraie scène d'ouverture, celle qui survient au chapitre deux et nous propose de contempler longuement le décor qui accueille le corps de *Belle de jour* ; tout y est minutieusement décrit : le canal, le froid, le givre et les protagonistes qui attendent que se déroule le monologue du juge Mierck. Cette scène des corps est d'ailleurs rejouée avec la mort de Lysia où sont sollicités tous les sens du lecteur : les bouquets, ces « sentinelles odorantes » appellent le nez, la couleur de la robe la vue. Pour parachever le tout, le détail du papillon de nuit tournant autour du cadavre et se cognant vient animer un moment figé, il est l'élément mouvant qui cinématographie la scène, de même que ce rôle revient au juge dans la séquence du meurtre de *Belle de jour*.

La scène du marronnier enfin se veut extrêmement marquante, visuelle. Elle joue sur les contrastes qui opposent l'intérieur et l'extérieur, la chaleur et la glace, la lumière et la nuit, la bonne chère et la souffrance : « On passait du bureau où on crevait de chaleur et on retrouvait la nuit et le gel, moins dix, moins douze peut-être. » Elle offre une interpénétration de tous les points de vue qui suggère un défi de cameraman : tous les personnages se voient. Le petit Breton attaché au marronnier peut contempler ses bourreaux « qui mangeaient et buvaient autour d'une table bien garnie », ce qui signifie que Matziev et Mierck le voient aussi. Despiaux se retranche dans une pièce où « il y avait une fenêtre, et là aussi on voyait la cour », mais, de son côté, laisse délibérément la lumière éteinte pour ne pas être vu du supplicié. On pourrait encore évoquer, pour étayer la thèse cinématographique, cette mise en abyme d'une représentation dans la représentation, celle de la guerre, dans le petit théâtre qu'offrent les sommets du village.

Le centenaire de 14-18

Il est en effet question de la Grande Guerre, mais lointainement, comme un décor de théâtre que figure notamment le faîte des coteaux où se croisent le narrateur et Lysia Verhareine un dimanche de printemps. La guerre y déroule « son petit carnaval viril » dans une sorte de spectacle de marionnettes qui se laisse observer.

Le roman paraît en 2003, quelques dix années avant le centenaire de 1914. Un centenaire est toujours une occasion de revenir sur un point précis de l'histoire, à mettre en exergue, à livrer à sa propre réflexion et à celle de ses contemporains. Qui plus est, le tableau s'il n'est pas inédit, reste un parti-pris original puisqu'il dépeint le quotidien de l'arrière, c'est-à-dire les coulisses de la Grande Guerre et non la guerre des tranchées elle-même. Cette situation permet davantage l'identification : l'arrière, les « planqués » ont un quotidien plus proche des lecteurs contemporains que ne l'a été celui des Poilus. Les protagonistes occupent des fonctions publiques (juge, Procureur, policier) qui les tiennent éloignés de l'ordre de mobilisation et bénéficient chaque matin de cette « certitude chaude qui sent le sommeil et le parfum de femme ». Le recul du temps et les spéculations sur cette époque qu'il n'a pas vécue sont prêtées par l'auteur à son personnage qui qualifie les futures recrues de « nigauds qui n'avaient encore rien compris et qui, pour la plupart, feraient bientôt le voyage de retour entre quatre mauvaises planches de mélèze ».

LES THÈMES PRINCIPAUX

L'ambivalence de l'âme

Chaque personnage du récit est traité selon un principe d'ambivalence qui se fait le mot d'ordre du roman. Cette coexistence de caractère est d'ailleurs l'écho du titre du livre, *Les Âmes grises*, qui suggère cette dualité qui anime chacun de nous et dont la notion est amenée par Joséphine : « Les salauds, les saints, j'en ai jamais vu. Rien n'est ni tout noir, ni tout blanc, c'est le gris qui gagne. Les hommes et leurs âmes c'est pareil... T'es une âme grise, joliment grise, comme nous tous... ». Joséphine elle-même le suggère d'ailleurs avec l'utilisation de la première personne du pluriel, et est porteuse de cette ambivalence : malgré « son air d'épouvante et sa réputation de sorcière » elle est profondément bienfaisante et constitue une adjuvante importante dans le déroulé du roman. Ce trait transparaît également dans la propreté et l'ordre qui règne dans sa bicoque, métaphore de sa propre intériorité.

Par ailleurs, Pierre-Ange Destinat, malgré sa délicatesse et son port aristocratique, est selon toute probabilité le meurtrier de *Belle de jour* ; ou encore, Isidore Matziev qu'on « enfournerait illico dans l'espèce des salopards » a pourtant été en 1894 un des plus virulents défenseurs du capitaine Dreyfus. On retrouve encore cette idée dans la figure de Bastien Francoeur, le soldat aimé de Lysia Verhareine, pour qui le narrateur regrettera de ne pouvoir déterminer « dans quel camp il était [...] : celui des salauds ou celui des justes ». Ou bien encore ces figures sur lesquelles on se trompe en présageant le pire de l'âme de ses concitoyens là où ils sont prêts à donner le meilleur (*cf.* Madame de Flers). On notera également l'utilisation d'une figure peu commune pour parler de Destinat, la litote, qui marque cette oscillation de la pensée : « C'est peut-être Barbe qui le connaissait le moins mal. »

Et enfin, le narrateur lui-même n'est pas en reste puisque

le lecteur, tout attentif à sa douleur de veuf, à son statut de victime du juge Mierck, de Matziev ou même des regards tranchants de Lysia Verhareine, ne voit pas venir avant la fin du récit le meurtre du nourrisson. Le héros étouffe froidement son fils de quelques jours, de ses propres mains, sans « préméditation » et sans « remords » : « C'était la seule chose que je pouvais faire et je l'ai faite. [...] J'ai pleuré en pensant à toi et non à lui. » Cette ambivalence est à nouveau mise en exergue lorsque le narrateur, explorant le château de Destinat, lit quelques lignes des *Pensées* de Pascal. Il se sent immédiatement en accord avec le philosophe auquel il s'identifie : « Comme moi. Comme Destinat sans doute. Il avait dû en boire du vinaigre lui aussi et perdre trop tôt des visages aimés. Sinon il n'aurait jamais pu écrire ça : quand on vit dans les fleurs, on ne pense pas à la boue. » Et, en fait de fleurs, toutes les âmes de l'histoire ne sont pas grises, il point des âmes blanches dans ce roman : les femmes.

Des femmes et des fleurs

Les trois femmes du roman, qui se confondent dans la ronde finale du montage photographique réalisé par Destinat, portent toutes des noms de fleurs. Qu'il s'agisse de *Belle de jour* qui fait référence à ce liseron de jardin, frais et volubile, à la floraison estivale et colorée, ou de Clélis et Lysia qui toutes deux portent un prénom « dans lequel sommeillait une fleur » : le lys.

Mais c'est autour de la figure de l'institutrice que se décline plus régulièrement ce thème floral. Elle les évoque tant qu'on lui fait cadeau de bouquets : Martial Maire, le simple du village, lui en apporte régulièrement et les dépose « devant la porte de sa classe ». Ces mêmes bouquets la veillent le jour de sa mort « comme des sentinelles odorantes » et évoquent son souvenir jusque dans ce décor qu'elle a marqué de son empreinte. Les décorations fleuries de la ceinture avec laquelle elle se pend, « à motif de marguerite et de mimosa », achèvent de dresser son portrait floral jusque dans la mort.

Ou bien encore dans cette scène de « *déjeuners* de peintres » où Lysia est « assise sans façon à même l'herbe drue piquetée de marguerites [...]. La pâture et les fleurs qui l'ornaient semblaient avoir été disposées pour elle seule ». Ce tableau fait écho à un autre cliché, apparaissant à la toute fin du roman, celui de Clélis de Vincey « au milieu d'une prairie parsemée d'ombellifères, de celles qu'on surnomme *reines-des-prés* » et achève de nouer la ressemblance entre les deux femmes, unies par la floraison printanière dans un tourbillon d'échos.

Enfin, *Belle de jour*, même dans la mort, n'est plus évoquée comme une personne mais semble avoir recouvré pleinement son statut floral, comme l'évoque la métaphore du père Lurant au sujet de ces fleurs « qui resplendissent de l'aube au crépuscule épanouissant leurs corolles fines de liseron rose ou parme, et qui la nuit venue se ferment brutalement, comme si une main violente avait serré leurs pétales de velours, à les étouffer ». Le narrateur arrêtera alors le curé, déjà hanté par le fantôme de la petite, qui n'est alors que le premier d'une ronde qui ne fera que grossir.

Le temps et ses souvenirs

Car le narrateur est avant tout un homme qui se souvient et qui écrit. En témoignent les quelques retours dans le roman au présent de l'écriture qui est aussi le temps du premier et du dernier chapitre. On y devine un vieil homme, dont la seule compagnie est celle de son aide-ménagère, Berthe, « qui souffle et secoue la tête de droite et de gauche » car elle désapprouve sa démarche d'écriture. Du reste peut-être a-t-elle raison, car il est vite apparent que ce travail de résurgence, s'il soulage le héros, est également en train de le faire souffrir. La démarche est pour le moins violente, il se met en devoir de « faire rendre le pus » au temps, il se fait le « fosso[yeur] » des âmes grises. L'aspect missionnaire de son travail est décelable dans l'emploi du substantif « ma besogne » qui l'apparente aussi à quelque Sisyphe ou danaïdes des enfers, condamné à revivre chaque jour les événements clés de sa déchéance. Quand son récit en arrive au moment fatidique de la découverte du corps de sa femme, le narrateur exprime au présent la difficulté de raconter ce souvenir, « je n'y parviens pas. Je ne sais pas comment dire ». Cette situation fait alors écho à celle de la découverte d'un autre corps de femme sans vie, celui de Lysia Verhareine, pour laquelle le narrateur échoue également à faire resurgir le souvenir : « Je ne sais plus trop. [...] Ce n'est pas ma mémoire présente qui a du plomb dans l'aile, c'est la mémoire de ce moment qui s'est hachée. »

Au reste, nous sommes souvent témoins de ses hésitations, ses tâtonnements, quand il nous dit « broder » sur les moments dont il n'a pas été témoin, ou encore lorsqu'il déclare « ça, je l'imagine, mais je ne dois pas me tromper beaucoup ». C'est ce pourquoi il fait régulièrement appel à des témoins pour toutes les scènes qui se dérobent à son regard. Comme c'est le cas par exemple de la rencontre entre Destinat et Lysia Verhareine que le maire rapporte. Il s'adresse d'ailleurs non pas au narrateur seul mais à un groupe de personnes (certainement ses compagnons de bistrot) dont le narrateur fait partie, comme en témoigne l'emploi de la première personne « nous ». Ce récit doit d'ailleurs dater du vivant de Lysia et n'est pas retranscrit dans le cadre de l'enquête que mène le héros plus tard et qui fera intervenir des « témoins » au sens juridique du terme : Barbe lorsqu'il enquête sur Destinat, ou encore Louisette et Despiaux pour la scène du petit Breton attaché au marronnier.

Enfin, ce temps que le narrateur entremêle à loisir, ce temps de son aveu « embrouillé » et « cafouilleux » est figuré tout au long du roman par l'eau du canal et de la Guerlante qui s'écoulent à proximité du village. Elle apparaît d'abord gelée autour du corps de *Belle de jour*, afin de mieux ancrer la scène et de figurer qu'à ce moment précis même le temps s'est arrêté. La métaphore est filée avec le personnage contemplatif de Destinat qui « aimait le temps au point de le regarder passer [...] sur le banc qui surplombait, grâce à une petite butte artificielle que les printemps couvraient d'anémones et de pervenches, les eaux pleines de langueur de la Guerlante et celles plus pressées du petit canal ». Le narrateur lui-même est sensible à l'eau qui s'écoule et, alors qu'il pose ses yeux sur le canal, « [il se souvient] d'une formule grecque [...] qui parlait de temps et d'eau courante, quelques mots simples qui disaient tout de la vie ». Finalement cette analogie nous ramène à la linéarité du temps, qui rompt avec l'apparent désordre du récit, et nous mène peu à peu vers la mort du héros. Ce dernier consacre d'ailleurs quelques lignes, dans son dernier chapitre, au temps qui « [s']épuise » comme une source se tarit.

ÉTUDE DU MOUVEMENT LITTÉRAIRE

Une fiction historique

Philippe Claudel, avec l'écriture d'une fiction historique, pratique un genre à la mode, profondément inscrit dans son époque. En effet, dans un contexte où nous n'avons jamais autant publié que maintenant, la part belle est faite à ce type de roman qui rencontre un lectorat massif. Il n'est pas tant question, et c'est le cas ici, de retracer une fresque historique exhaustive que de recréer des tranches de vie et de les sortir de l'actualité pour les livrer aux caprices d'un contexte, ici la France de 1910-1930, le but étant de créer un roman harmonieux et plaisant à lire. Pari réussi qui donne pourtant à voir, sous couvert de sa teinte historique, un mélange des genres éloquent.

Tout d'abord, bien entendu, il y est question de la guerre de 1914-1918, mais plus précisément de la culpabilité de ceux qui n'ont pas combattu. Elle est latente tout au long de la lecture. Il faut signaler qu'elle est efficiente et suggérée par la haine des soldats revenus du front, ces gueules cassées qui n'éprouvent que mépris et amertume pour les planqués, « il fallait les comprendre, on peut haïr pour moins que ça ». Le narrateur lui-même culpabilise de cette démobilisation et de sa jambe raide qui le « fait ressembler à un ancien combattant, [lui] qui n'[a] fait aucune guerre ».

Est abordé également le thème des monuments aux morts, à travers le personnage rapidement évoqué de Bassepin : ces maigres consolations offertes par « la patrie reconnaissante » aux soldats tombés. Le narrateur (et par son biais l'auteur) porte un regard très critique sur cette volontaire ostentation des municipalités et ces morts qu'on oublie « dans le mousseux et le pâté tartiné », distance critique que seul permet aujourd'hui le recul du temps.

Un cousinage théâtral

Le mélange des genres se poursuit en faisant entrer dans sa ronde le théâtre que plusieurs scènes rappellent et qui sont un lien évident avec les talents de dramaturge de l'auteur. Les acteurs, que le narrateur invoque pour rejouer l'histoire, sont présentés d'entrée de jeu lorsque ce dernier annonce : « Je vais faire défiler beaucoup d'ombres. » Il les nomme ensuite un à un dans une longue énumération qui suggère un salut final où tous les comédiens entrent à nouveaux en scène, se tenant la main et saluant bien bas le spectateur qu'incarne ici le lecteur.

Une mise en abyme théâtrale est même proposée via la scène opposant Lysia Verhareine au narrateur. Tous deux se retrouvent au sommet du village et contemplent le mélodrame de la guerre ; eux-mêmes pourtant font partie d'une « scène » que le narrateur se rejoue indéfiniment. Le champ lexical de la représentation fictive est très représenté : « rideau de scène », « coquettes représentations », « petit carnaval », « simulacre », « décor », « cirque », « tragédie ». Cet exercice de style n'est pas sans rappeler la fameuse « boucherie héroïque » du chapitre III du *Candide* de Voltaire présentant le petit « théâtre de la guerre ».

Un vrai conte de fées

Pour finir, *Les Âmes grises* ont tout du conte de fée réaliste. *Belle de jour* est typiquement un personnage de conte. Son prénom, comme nous l'avons suggéré en amont de cette analyse, évoque bien entendu un nom de fleur, mais il est également un écho certain aux pseudonymes portés par les héroïnes de contes de fées : pour ne citer que le

Petit Chaperon rouge, la Belle au bois dormant, ou encore Blanche-Neige. Cette substantivation de la personne suggère déjà un cousinage avec ce genre littéraire. À l'instar de la dernière princesse évoquée, elle est d'ailleurs « un petit lys, mais avec une teinte de sang pur qui [lui] rehaussait le teint », là où les frères Grimm écrivent « Bientôt elle eut une petite fille qui était aussi blanche que la neige, avec des joues rouges comme du sang ».

Le Petit Chaperon rouge lui prête aussi ses traits et sa tenue. La veille de la découverte de son corps, *Belle de jour* est en effet affublée d'un « chaperon [...] jaune d'or » que lui a confectionné sa marraine, Adélaïde Siffert. Cette dernière est elle-même un des ressorts du conte, et tout un chacun sait que chaque princesse a toujours une bonne fée pour marraine. En l'occurrence, la vieille femme, malgré ses tentatives, ne parvient pas à retenir sa filleule qui partira se jeter dans la gueule du loup.

Cette ressemblance se poursuit d'ailleurs dans la mort de la fillette, « une princesse de conte aux lèvres bleuies ». Pourtant, son sommeil à elle est éternel ; elle ne se trouve pas dans un château mais à côté, à la porte, dans le ruisseau ; elle n'est pas protégée d'un cercueil de verre mais d'une « couverture » qui s'est « vite trempée » et lui fait un linceul on ne peut plus réaliste. Qui plus est, cette courte description du corps ramène le lecteur à des références comme *Le Dormeur du Val* d'Arthur Rimbaud, ou encore l'*Ophélie* de Millais.

DANS LA MÊME COLLECTION
(par ordre alphabétique)

- **Anonyme**, *La Farce de Maître Pathelin*
- **Anouilh**, *Antigone*
- **Aragon**, *Aurélien*
- **Aragon**, *Le Paysan de Paris*
- **Austen**, *Raison et Sentiments*
- **Balzac**, *Illusions perdues*
- **Balzac**, *La Femme de trente ans*
- **Balzac**, *Le Colonel Chabert*
- **Balzac**, *Le Lys dans la vallée*
- **Balzac**, *Le Père Goriot*
- **Barbey d'Aurevilly**, *L'Ensorcelée*
- **Barbey d'Aurevilly**, *Les Diaboliques*
- **Bataille**, *Ma mère*
- **Baudelaire**, *Les Fleurs du Mal*
- **Baudelaire**, *Petits poèmes en prose*
- **Beaumarchais**, *Le Barbier de Séville*
- **Beaumarchais**, *Le Mariage de Figaro*
- **Beauvoir**, *Mémoires d'une jeune fille rangée*
- **Beckett**, *Fin de partie*
- **Brecht**, *La Noce*
- **Brecht**, *La Résistible ascension d'Arturo Ui*
- **Brecht**, *Mère Courage et ses enfants*
- **Breton**, *Nadja*
- **Brontë**, *Jane Eyre*
- **Camus**, *L'Étranger*
- **Carroll**, *Alice au pays des merveilles*
- **Céline**, *Mort à crédit*
- **Céline**, *Voyage au bout de la nuit*

- **Chateaubriand**, *Atala*
- **Chateaubriand**, *René*
- **Chrétien de Troyes**, *Perceval*
- **Cocteau**, *Les Enfants terribles*
- **Colette**, *Le Blé en herbe*
- **Corneille**, *Le Cid*
- **Crébillon fils**, *Les Égarements du cœur et de l'esprit*
- **Defoe**, *Robinson Crusoé*
- **Dickens**, *Oliver Twist*
- **Du Bellay**, *Les Regrets*
- **Dumas**, *Henri III et sa cour*
- **Duras**, *L'Amant*
- **Duras**, *La Pluie d'été*
- **Duras**, *Un barrage contre le Pacifique*
- **Flaubert**, *Bouvard et Pécuchet*
- **Flaubert**, *L'Éducation sentimentale*
- **Flaubert**, *Madame Bovary*
- **Flaubert**, *Salammbô*
- **Gary**, *La Vie devant soi*
- **Giraudoux**, *Électre*
- **Giraudoux**, *La Guerre de Troie n'aura pas lieu*
- **Gogol**, *Le Mariage*
- **Homère**, *L'Odyssée*
- **Hugo**, *Hernani*
- **Hugo**, *Les Misérables*
- **Hugo**, *Notre-Dame de Paris*
- **Huxley**, *Le Meilleur des mondes*
- **Jaccottet**, *À la lumière d'hiver*
- **James**, *Une vie à Londres*
- **Jarry**, *Ubu roi*
- **Kafka**, *La Métamorphose*
- **Kerouac**, *Sur la route*
- **Kessel**, *Le Lion*

- **La Fayette**, *La Princesse de Clèves*
- **Le Clézio**, *Mondo et autres histoires*
- **Levi**, *Si c'est un homme*
- **London**, *Croc-Blanc*
- **London**, *L'Appel de la forêt*
- **Maupassant**, *Boule de suif*
- **Maupassant**, *Le Horla*
- **Maupassant**, *Une vie*
- **Molière**, *Amphitryon*
- **Molière**, *Dom Juan*
- **Molière**, *L'Avare*
- **Molière**, *Le Malade imaginaire*
- **Molière**, *Le Tartuffe*
- **Molière**, *Les Fourberies de Scapin*
- **Musset**, *Les Caprices de Marianne*
- **Musset**, *Lorenzaccio*
- **Musset**, *On ne badine pas avec l'amour*
- **Perec**, *La Disparition*
- **Perec**, *Les Choses*
- **Perrault**, *Contes*
- **Prévert**, *Paroles*
- **Prévost**, *Manon Lescaut*
- **Proust**, *À l'ombre des jeunes filles en fleurs*
- **Proust**, *Albertine disparue*
- **Proust**, *Du côté de chez Swann*
- **Proust**, *Le Côté de Guermantes*
- **Proust**, *Le Temps retrouvé*
- **Proust**, *Sodome et Gomorrhe*
- **Proust**, *Un amour de Swann*
- **Queneau**, *Exercices de style*
- **Quignard**, *Tous les matins du monde*
- **Rabelais**, *Gargantua*
- **Rabelais**, *Pantagruel*

- **Racine**, *Andromaque*
- **Racine**, *Bérénice*
- **Racine**, *Britannicus*
- **Racine**, *Phèdre*
- **Renard**, *Poil de carotte*
- **Rimbaud**, *Une saison en enfer*
- **Sagan**, *Bonjour tristesse*
- **Saint-Exupéry**, *Le Petit Prince*
- **Sarraute**, *Enfance*
- **Sarraute**, *Tropismes*
- **Sartre**, *Huis clos*
- **Sartre**, *La Nausée*
- **Senghor**, *La Belle histoire de Leuk-le-lièvre*
- **Shakespeare**, *Roméo et Juliette*
- **Steinbeck**, *Les Raisins de la colère*
- **Stendhal**, *La Chartreuse de Parme*
- **Stendhal**, *Le Rouge et le Noir*
- **Verlaine**, *Romances sans paroles*
- **Verne**, *Une ville flottante*
- **Verne**, *Voyage au centre de la Terre*
- **Vian**, *L'Arrache-cœur*
- **Vian**, *L'Écume des jours*
- **Voltaire**, *Candide*
- **Voltaire**, *Micromégas*
- **Zola**, *Au Bonheur des Dames*
- **Zola**, *Germinal*
- **Zola**, *L'Argent*
- **Zola**, *L'Assommoir*
- **Zola**, *La Bête humaine*
- **Zola**, *Nana*
- **Zola**, *Pot-Bouille*